AF391057

Vente du Samedi 5 Avril 1884

HOTEL DROUOT, SALLE N° 6

GRAVURES

AQUARELLES ET ÉTUDES

Provenant de l'Atelier

DE FEU M. A. HUOT

ARTISTE-GRAVEUR

TABLEAUX MODERNES

EXPOSITION PUBLIQUE

Le Vendredi 4 Avril 1884, de une heure à cinq heures.

M° F. ALBINET
COMMIssre-PRISEUR
rue de Maubeuge, n° 84

M. B. LASQUIN
EXPERT
rue Laffitte, n° 12

PARIS — 1884

Vᶜ **RENOU, MAULDE** et **COCK**

IMPRIMEURS DE LA COMPAGNIE DES COMMISSAIRES-PRISEURS

Rue de Rivoli, 144

CATALOGUE

DE

GRAVURES

AQUARELLES ET ÉTUDES

Provenant de l'Atelier

DE FEU M. A. HUOT

ARTISTE-GRAVEUR

ET DE

TABLEAUX MODERNES

Dont la vente aura lieu

HOTEL DROUOT

SALLE N° 6

Le Samedi 5 Avril 1884

Par le ministère de M* **Félix ALBINET**, Commiss.-Priseur,
rue de Maubeuge, 84,

Assisté de **M. B. LASQUIN**, Expert, rue Laffitte, 12.

EXPOSITION PUBLIQUE

Le Vendredi 4 Avril 1884, de une heure à cinq heures.

PARIS 1884

CONDITIONS DE LA VENTE

———

Elle sera faite au comptant.

Les Acquéreurs paieront CINQ POUR CENT en sus
des enchères, applicables aux frais.

DÉSIGNATION

OEUVRES DE M. A. HUOT

ET

OBJETS PROVENANT DE SON ATELIER

HUOT (A.), d'après A. CABANEL

1 — **Le Poète florentin.**
Épreuve avec la tête du Dante, comme remarque, sur chine remonté.

2 — Quatre Épreuves de la même planche, même état.

3 — Deux Épreuves de la même planche, avec la lettre.

4 — La même Gravure, avec signature à la pointe : *A. Huot, d'après A. Cabanel*, 1879.

5 — La même Gravure, avec la lettre.

6 — Huit épreuves d'essais gradués, de la même planche, en cours d'exécution.

HUOT (A.), d'après Jules LEFEBVRE

7 — La Cigale.
Épreuve avant la lettre sur chine remonté, avec la signature à la pointe : *A. Huot, d'après Lefebvre.*

8 — La même épreuve de dernier essai, pour exposer.

9 — Cinq Épreuves d'essais gradués, en cours d'exécution.

10 — L'Aurore.
Épreuve d'avant-dernier essai sur chine remonté, avec la signature *A. Huot, d'ap. Jules Lefebvre*, 1880.

11 — La même, même état.

12 — Trois Épreuves d'artistes avant toutes lettres.

13 — Six Épreuves de divers états.

14 — Crépuscule.
Épreuve avant la lettre sur chine remonté, avec la signature à la pointe : *A. Huot, d'après Jules Lefebvre*, 1880.

15 — Quatre Épreuves de divers états.

HUOT (A.), d'après HÉBERT

16 — Vierge de la Délivrance.
Trois épreuves d'essais, de différents états.

HUOT (A.), d'après Ch. MARCHAL

17 — Phryné.

> Épreuve sur chine remonté, avant toutes lettres, avec signature à la pointe : *Gravé par A. Huot, d'après Ch. Marchal.*

18 — Neuf Épreuves d'essais gradués, de la même planche.

HUOT (A.), d'après TOULMOUCHE

19 — La Lettre d'amour.

> Épreuve avant la lettre sur chine remonté.

20 — Quatre Épreuves d'essais gradués, de la même planche.

HUOT (A.), d'après Gustave DORÉ

21 — Ecce homo.

> Épreuve avant la lettre sur chine remonté, avec la mention à la pointe : *Gravé par A. Huot, d'après G. Doré, avril* 1882.

22 — La même Gravure, même état.

23 — La même Gravure, avant la lettre sur chine remonté, avec mention : *Juin* 1881.

24 — La même Épreuve, d'essai ; la tête du Christ
non terminée.

25 — Trois Épreuves d'essais de la même planche,
en cours d'exécution.

HUOT (A.), d'après Van der HELST

26 — **Le Prix des tireurs d'arc.** Gravure exécutée
pour la chalcographie du Louvre.

Quatre épreuves avant toutes lettres
sur japon remonté.

27 — Huit Épreuves d'essais gradués, de la même
planche, en cours d'exécution.

28 — Six Épreuves, doubles des précédentes.

HUOT (A.), d'après Frans HALS

29 — **Portrait de Descartes,** exécuté pour la
chalcographie du Louvre.

Épreuve avant la lettre sur chine
remonté, portant la signature *A. Huot,
d'après Frans Hals,* à la pointe.

30 — Neuf Épreuves de la même planche.

31 — Avant-dernière Épreuve d'essai, avec la date
1880.

32 — La même Gravure.

33 — La même Gravure, épreuve de dernier essai.

34 — Deux autres Épreuves.

HUOT, d'après Luini

35 — **Sainte Catherine portée par des Anges.**
Neuf épreuves.

36 — Quatre Pièces de divers états, dont une avec
retouches de M. H. Dupont.

HUOT, d'après Raphael

37 — Le Joueur de violon.
Quinze pièces de divers états.

HUOT, d'après Lesueur

38 — **Muse de la Musique.**
Deux épreuves et cinq pièces d'essai.

HUOT, d'après Prudhon

39 — **Portrait du baron Denon.**
Sept épreuves de divers états.

HUOT, d'après Gérard

40 — **Portrait de Mlle Brongniart.**
Sept épreuves de divers états.

HUOT (A.)

41-42 — Aquarelles et Études peintes. Seront vendues par feuilles.

GRAVURES

PAR DIVERS ARTISTES

BIOT (G.), d'après CABANEL

43 — **Rêverie.**

Épreuve sur chine remonté, avec signature autographe de Cabanel.

CARON (Adolphe), d'après LE PERUGIN

44 — Épreuve d'artiste, sur grand papier, d'après le tableau du Louvre, avant toute lettre, avec signature à la pointe : *Gravé par Adolphe Caron, d'après Le Perugin.*

DUBOUCHET, d'après MICHEL-ANGE

45 — **La Barque de Caron.**

HENRIQUEL-DUPONT

46-50 — Quinze Pièces :

> Portrait du comte **Duchâtel**, d'après
> H. Flandrin. Deux épreuves d'artistes.
> Portrait de **Chenavard**, architecte.
> Portrait de **Cuvelier**, sculpteur.
> Portrait du **Prince Impérial**.
> Portrait du **T. R. P. Petitot**.
> Portrait du vicomte **Henri Delaborde**.
> Portrait de **Tardieu**, graveur.
> Portrait de **Sauvageot**.
> Portraits de **E. Seillière**, **Brongniart**.
> **Ary Scheffer**, comte de **Montalivet**,
> baron **J. de Rothschild**. Plus quatre
> pièces.

HENRIQUEL-DUPONT

51 — **Les Pèlerins d'Emmaüs**, d'après Véronèse.

> Épreuve avant la lettre, avec envoi
> d'auteur et une épreuve d'essai.

HENRIQUEL-DUPONT

52 — Quatorze Pièces, d'après Paul Delaroche.
Épreuves d'essais pour l'hémicycle de
l'école des Beaux-Arts.

DEMENGEOT (C.)

53 — Dix-neuf Planches, Chiffres gothiques, du
  moyen âge.

GAILLARD, d'après Sandro BOTTICELLI

54 — **Sainte Famille**. Épreuve d'artiste avec signature de l'auteur. — **Portrait de Pie IX**. —
  L'Homme à l'œillet, d'après Van Eyck.

MARTINET, d'après Eustache LESUEUR

55 — **Prédication de saint Paul à Ephèse.**

  Épreuve sur chine remonté, avant toute
  lettre, avec signature à la pointe et dédi-
  cace à M. A. Huot.

ROUSSEAU, d'après FRANCIA

56 — **Portrait d'homme.**
  Épreuve d'artiste avec envoi de l'auteur.

ROUSSEAU, d'après NANTEUIL

57 — **Portrait de Mme de Sévigné.**
  Portrait de **M. Gille.**

WALTNER

58 — Deux Pièces :

Harmony, d'après J. Dicksee. — Portrait de **Jacqueline Van Caestre**, d'après Rubens.

59-61 — Gravures et Eaux-Fortes d'artistes modernes : François, Lignon-Didier, Mercury, Bromberg, Tonning, Fleischmann. Ragon, E. Flameng, Sonnenleuter, etc.

62-70 — Gravures anciennes des différentes Écoles.

71 — Planches gravées en cuivre.

72-75 — Plusieurs Cartons de photographies : Vues d'Italie. Reproductions d'ap. les Maîtres, etc.

76 — Meubles et Ustensiles d'atelier.

TABLEAUX, AQUARELLES ET GRAVURES

APPARTENANT A M. *

77 — **A. W.** (Initiales). Chevaux et Vaches dans un pré.

78 — **Bakhuysen.** Le Moulin (Route en Hollande).

79 — **Balen** (H. Van). Le Repas des Dieux.

80 — **Bermud**. La Missive.

81 — **Besters**. Le Pont de bois.

82 — **Bilders**. Un Pacage.

83 — **Bourguignon** (Genre de). Deux Batailles.

83 *bis* — **Dastugue**. Un Mousquetaire.

84 — **Dastugue**. Une Idylle.

85 — **Dastugue**. Amazones sur la plage.

86 — **Dastugue**. L'Avenue du Bois de Boulogne.

87 — **Dastugue**. Le Pendant.

88 — **Dastugue**. Tête d'étude.

89 — **Demarne** (Genre de). Paysage avec rivière traversée par un pont.

90 — **Destrée**. Paysage près de Schiedam.

91 — **Destrée**. Paysage avec rivière.

92 — **Dumaresq** (Armand). Portrait d'homme.

93 — **Heemskerk van Beest**. Barques de pêche sur le Zuyderzée.

94 — **Hervier** (A.). Intérieur de chaumière (Esquisse).

95 — **Hervier** (A.). Intérieur d'église.

96 — **Inconnu**. Combat naval.

97 — **Isabey**. Plage avec barques de pêcheurs.

98 — **Koeckkoeck**. Troupeau sur une route à travers bois.

99 — **Leickert**. Canal glacé en Hollande, avec nombreuses figures.

100 — **Leys** (Genre de H.). Sujet moyen âge.

101 — **Marchaux** (A.). Femme italienne.

102 — **Meyer** (Louis). Marine (Temps calme).

103 — **Rembrandt** (Genre de). Le Buveur.

104 — **Renault** (Edmond). Bords de rivière.

105 — **Renault** (Edmond). Arbres au bord de l'eau.

106 — **Renault** (Edmond). Le Canal Saint-Denis.

107 — **Renault** (Edmond). La Seine à Saint-Denis.

108 — **Rigon** (A.). La Rencontre dans le bois.

109 — **Rigon** (A.). La Collation.

110 — **Rigon** (A.). Saules au bord de la rivière.

111 — **Rigon** (A.). Vaches à l'abreuvoir.

112 — **Sjamaar**. La Partie perdue (Effet de lumière).

113 — **Steffens** (Louise). Jour de Fête de Dieu.

114 — **Swagers**. Paysage avec figures.

115 — **Ten Kate** (Hermann). Visite à la convalescente.

116 — **Vernet** (Carle). Guerrier turc tenant son cheval par la bride.

117 — **Vertin**. Une Rue à Amsterdam, avec nombreuses figures.

118 — **Vertin.** Vue de Rotterdam (Effet de neige).

119 — **Vertin.** Une Vue à Amsterdam (Effet de neige).

120 — **Verveer.** Coucher de soleil.

121 — **Vogel.** Paysage (Coucher de soleil).

122 — **Zuccarelli.** Pâtre et Bestiaux.

123 — **Ecole flamande.** Paysage avec cavalier et colporteur sur une route.

124 — **Ecole flamande.** Paysage avec maison au pied d'une montagne.

125 — **Ecole italienne.** Tête de vieillard.

126 — **Ecole moderne.** Travaux des champs (Deux esquisses).

DESSINS ET AQUARELLES

127 — **Bouquet** (M.). Bords de rivière (Gouache).

128 — **Bouquet** (M.). Le Pendant.

129 — **Choquet.** Marine (Aquarelle).

130 — **Cournol** (J.). La Marchande de légumes (Aquarelle).

131 — **Marsaud** (A.). Turc (Crayon).

132 — **Schrodé.** Mouton traversant un torrent (Aquarelle).

GRAVURES ET EAUX-FORTES

133 — **Laguillermie** (D'après J.-G. Vibert). Gulliver chez les Lilliputiens. Épreuve sur chine d'avant-dernier état, avec envoi de l'auteur.

134 — **Laguillermie** (D'après J.-Paul Laurens). L'État-major autrichien devant le corps de Marceau. Épreuve sur chine, avec envoi de l'auteur.

135 — **Laguillermie**. Cinq pièces pour l'illustration de Paul et Virginie. Épreuves sur chine, avec envoi de l'auteur.

136 — Suite de vignettes pour l'illustration des Contes de La Fontaine.

137 — Duplessis-Bertaux, Desenne et autres. Suite de Vignettes pour l'illustration des Contes de La Fontaine.

138 — **Jacque** (Ch.). Eaux-fortes (Paysages et Moutons).

Vo Renou, Maulde et Cock, imp'rs de la Cie des Commissaires-Priseurs, rue de Rivoli, 144.   500--45771